D d

E e

F f

J j

K k

L l

P p

Qu qu

R r

L
E
S
E
N

MEINE FIBEL

Edmund Wendelmuth
Isolde Stangner

In Zusammenarbeit
mit der Verlagsredaktion:
Gerhild Schenk
Heidemarie Dammenhayn
Barbara Bütow
Monika Gade

Begutachtet von
Liane Lemke

Die Bilder malte
Tanja Székessy

MEINE FIBEL

Volk und Wissen Verlag

Oma **Oma**

O	**m**				**m**	**a**

Oma
Om
O
Om
Oma

M	m
M	*m*

Mama

M		m	

Mama

Ma	

Mama
Mam
Ma
M
Ma
Mam
Mama

Ma ma
O ma

O
Ma
ma

i

i

Mia

M		**a**

Mimi

M		**m**	

Mimi
Mim
Mi
M
Mi
Mim
Mimi

Oma	Mama	Mami	Mia
Omi	Mami	Mimi	Mimi

ist

Mimi ist im 

am  ist Oma

Mama ist am 

Mia ist im 

O / Ma → ma

Ma / Mi → mi

Mi → a / mi

P p

P p

Papa Papa

P		p	

Pa	

Papa ist am 

ist Mia am 

Mia ist im 

Papa
Pap
Pa
P
Pa
Pap
Papa

Pa pa
Ma ma

Papa	Mia	Mama	Mami
Papi	Pia	Papa	Papi

Opa

O	p	

Opa

	p	a

Opa
Op
O
Op
Opa

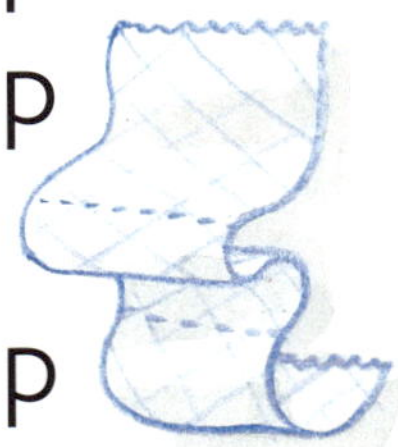

Opa ist am 

ist Mimi am 

Mimi ist im 

O pa
O ma

O
Pa
→ pa

O
Pa
→ pi

Ma
O
→ 

ruft

Mia ist am  .

Mia ruft Mami.

Mami ist im  .

Mama ruft Omi.

Omi ist am  .

Oma ruft Opi.

Mama
Mam
Ma
M
Mi
Mim
Mimi

Mimi
Mia

Ma	ma	Ma	mi	O	mi	O	ma
	am		im		im		am

Opi ist im  .
Opa ruft Papi.

Papi ist am  .
Papa ruft Mimi.

Mimi ist am  .
Mimi ruft Mia.

Oma
Om
O
Op
Opa
Opi

Opi
Papi

Mi
O
mi

Pa
O

O
Ma

N	n
N	*n*

Nina

Nina ist im  .

Nina ruft Papa.

Papa ist am  .

Papa ruft Mia.

Mia ist im  .

Nina
Nin
Ni
N
Ni
Nin
Nina

I	Pi	Ni	Pa	Mi	O
pa	na	a	na	pa	a

Ina

Ina ist im  .

Mia ruft Ina .

Ist Ina im  ?

Nina ist im  .

Ina ist am  .

Ina
In
I
In
Ina

Nina
na
a
na
Ina

Ni	na	Pa	pa	Mi	a
I	na	O	pa	Pi	a

O	o
O	*o*

und

Oma und Moni

Oma und Moni …
Mia ist im  .
Mia ruft: Moni! Moni!
Mimi …
Moni ruft: Mimi! Mimi!

Moni
Mon
Mo
M
Mo
Mon
Moni

O	Mo	Ni	Mi	Mi	O
pi	a	mi	ni	na	mi

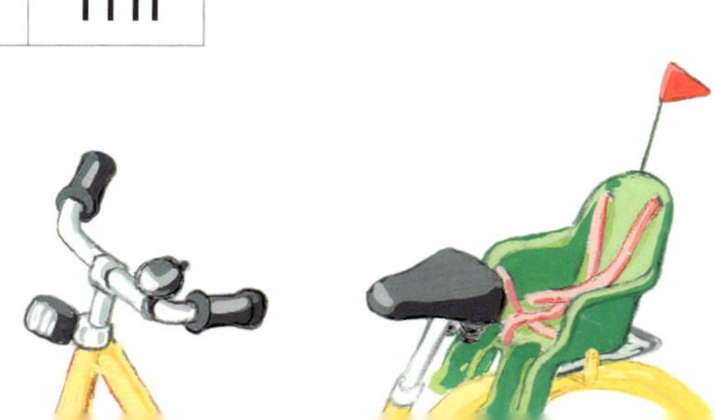

sind

Omi und Mia sind im  .
Moni ist am  .
Moni ruft: Ina! Nina!
Nina und Ina sind im  .
Mimi ruft Mo.

Moni
oni
ni
i
ni
oni
Moni

 Nina und I . .

 Oma und O . .

Mia und Mo . . 

Mimi und . . 

Mama und Papa sind im …

Oma und Moni sind im …

Papa ist am  und 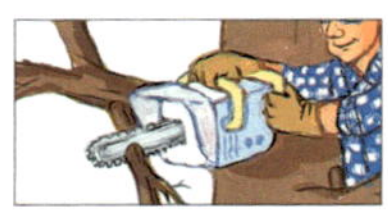 .

Moni  .

Mama und Oma  .

Pa			Ma			Mi			Ni	
O			O			O			I	

Ist Mimi im  ?

Ina und Mia sind im  .

Mimi …

Ina ruft: Mimi! Mimi!

Opa ist am  und  .

Moni

ni

i

mi

Mimi

Mami

Ni	Mo	I	O		Ma	Mi
ma		ni	mi	na	pa	na

Toni und Moni

Toni ist mit Moni im .
Oma ist mit Mama am .
Oma ruft: Toni, Moni!
Toni .
Mama ruft: Na, na, Toni!

Toni
Ton
To
T
To
Ton
Toni

Moni mit T...

O.. mit M...

Toni ruft: Nina ! Ina !

Ina  .

Nina  .

Moni ruft Ina, Nina …

Moni ist am  .

Toni
oni
ni
i
ni
oni
Moni

Mimi  Moni  Nina  Oma 

Mami  Toni  Ina  Opa 

L	l
L	*l*

Lilo und Tilo

Lilo und Tilo  .

Toni ist mit Nina am  .

Moni malt  .

Ina malt  .

Lilo ruft: O, Mimi, Mimi !

Lilo
Lil
Li
L
Li
Lil
Lilo

Toni Moni Lilo Nina

Moni Loni T l

A	a
A	*a*

Ali malt

Ali malt  .

Am  ist Lilo und 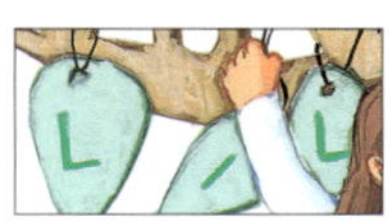 .

Lilo ruft Ali .

Moni malt mit  .

Tilo  .

Lilo
ilo
lo
o
lo
ilo
Tilo

P p 	M m 	O o 	N n 	L l 	I i 	A a 	T t 

Uli und Muli

Uli, Lilo und Ali sind im …

Ali ist am  .

Am  ist Muli.

Ali ruft: Uli! Muli!

Muli ruft: I a, i a!

Uli ist nun …

Uli
Ul
U
Ul
Uli

Muli
Mul
Mu
M
Mu
Mul
Muli

Opa ist mit Mia am  .

Mia ruft: Lama, Lama !

Uli und Lilo sind am  .

Nun ist Muli am  .

Uli ruft: Nanu, Mimi !

Mia ruft nun: . . ., . . . !

Muli
uli
li
i
li
uli
Muli

Uli

E	**e**
Ɛ	*e*

Alle malen

Manuela malt Enten mit  .

Tilo malt Manuela mit  .

Malt Ali ?

Ali …

Ela
Uli
Ali

malen
male
malt

an
Tante

E 	T 	I 	P 	N 	A	M	U	L	O
e	t	i	p	n	a	m	u	l	o

Lilo und Uli malen Manuela.

Uli malt Manu.

Lilo malt Ela.

Nina malt Ina …

Moni malt …

malen
malen
malen
malen
malen
malen
malen

Manuela
Manu
Ela

Malt Manuela Enten?
Malt Lilo nun Mimi?

S	s
S	s

Susi und Anne malen

Susi malt mit Anne am  .
Anne malt  und Tannen.

Nun malt Susi.
Susi malt Sonne,  und  .
Susi und Anne summen …

Susi
Sus
Su
S
Su
Sus
Susi

Tanne	Tonne	Anne
Tonne	Sonne	Tanne

Susi und Anne lesen

Susi und Anne lesen Namen.

ANNE ist in TANNE.

Anne ist in Panne.

Uli ist in Muli.

Ina ist in Nina.

Alle lesen, lesen, lesen.

lesen
lest

Anna
Anne

Susi
Suse

In Muli ist ... .
In Nina ist ... .

Rollen und rennen

Susi und Nina rollen rote  .

Rosi und Ali rollen lila 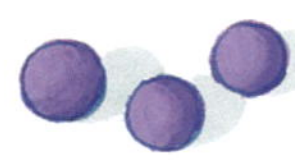 .

Alle rollen, rollen, rollen.

Und so rollt Mia.

Mia rollt und rollt.

Und Mimi?

Rosi
Ros
Rose

rollen
rolle
roll
rolle
rollen

sollen
rollen

Alle rollen und rennen.

Ali rollt mit .

Rosi rollt mit .

Tilo rennt. Uli rennt mit.

rennen
renne
renn
renne
rennen

lernen
lerne
lern
lerne
lernen

rennen
rennt

lernen
lernt

Nun rollt Susi mit Anne.

Anne soll es lernen.

Nur Mut, Anne!

Rolle los!

rollen	rennen	lernen	sollen
er rollt	er rennt	er lernt	er soll

Ei	**ei**
Ei	*ei*

Mein Eis, mein Eis!

Nina, Ina und Mia essen Eis.
Mm, rosa Eis!

Mia ruft:
O, mein Eis, mein Eis!

Na, Mia, ein Ei?
Nein, nein, ein Eis!

Nina und Ina teilen mit Mia.

mein Eis — sein Ei — ein Eis

Reis und Salat

Rosi, Anne, Toni und Susi  .

Rosi und Toni  .

Anne und Susi  .

Tomate
Salat
Reis
Ei

Nun essen alle Reis und Salat.
Mm, Reis mit Tomate!
Mm, Salat mit Ei und Tomate!

Alle essen … und … .

H h

H h

In unserer Halle

Hans und Uli holen ein Seil.
Susi, Hans und Rosi sind am Seil.
Uli, Anna und Toni sind am Seil.
1, 2, 3 – und los!

holen
er holt

holen
hole
hol
hole
holen

Nun rennen alle.
Susi rennt mit Anna.
Rennt Hans mit Anne?
Hallo, Hans! Renn los!

Ali und Rosi holen eine Matte.
Alle sind in einer Reihe
und lernen eine Rolle.
Hans soll nun eine Rolle lernen.
Nanu, Hans …

alle
Halle

Matte
Latte

rollen
Rolle
Roller

Ali und Rosi holen eine … .
… soll nun eine Rolle lernen.

D	d
D	*d*

Domino mal so, mal so

Dana und Udo holen ein Domino.

Hans hat so ein Domino.

So ein Domino malen Anna und Ali.

Tilo und Lilo reimen.

Und das Domino muss man lesen.

W	w
W	*w*

Wasser,
Wind,
Wellen

Das Wasser …

Wenn der Wind weht,
hat das Wasser Wellen.

Im Winter wird
das Wasser Eis.

Wer wohnt im Wasser?

Am See wohnen …

und …

Im Meer
wohnen …

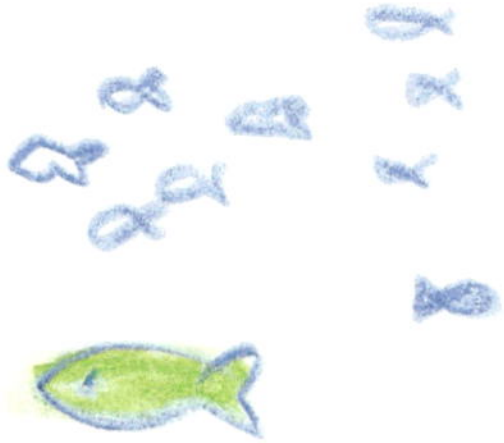

Wo wohnen
Wale?

Wenn der Wal atmen will, …

Wer ist mit wem im  ?

Pippi mit
Herrn Nilsson

Wer ist mit wem da?

Anna ist mit dem Indianer da.
Wer ist der Indianer?

Waldi ist mit Wanda da.
Was will Wanda sein?

Der Hase ist mit Toni da.
Was will Toni sein?

Tilo ist mit einer Dame da.
Wer wird wohl Tilos Dame sein?

Dana ist mit dem Dino da.
Wer wird wohl der Dino sein?

ie
ie

Marie und Oma im 

Marie und Oma sehen die Wiese
mit dem  MORINO.

Sie sehen die Tiere:
die Seehunde, die Esel, die Hasen,
die , die  und das Lama.

Was piept denn da?

die Tiere
das Tier

lesen
sie liest

piepen
es piept

sehen
sie sieht

nie	sie	die Wiese	das Tier	wie
die	wie	der Riese	hier	wieder

Die  turnen am Seil.
Der Seehund nimmt den  mit der Nase.
Der Esel soll lesen lernen.
Er ruft: IA, IA!

Und da ist wieder der  .
Was hat er unter dem Hut?
Es ist der Hase.

der Hund
der Mund
der Hase
die Nase

sehen
wehen

sollen
wollen

Soll der Esel reimen lernen?
Soll der Esel lesen lernen?

F f

F f

Wer hilft?

Ina will mit dem Fahrrad fahren.
Toni hilft Ina.
Toni rennt mit Ina
und mit Inas Fahrrad.
Toni 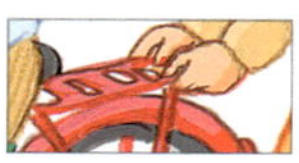 .

helfen
wir helfen
ihr helft
er hilft

fahren
fahre
fahr
fahre
fahren

rufen
rufe
ruf
rufe
rufen

Da sind Oma und Opa Hofmann.
Ute und Ina rufen Tilo und Hans:
Wir wollen helfen.
Helft ihr mit?

O nein!

Willst du helfen?

Hilfe!

Wir halten ihn fest.

wir wollen
er will
du willst

sie helfen
wir helfen

er hilft
sie hilft
die Hilfe

ru		
		fen
hel		

ru + fen, hel + fen

hal + ten, war + ten

ren + nen, nen + nen

Au au

Au au

Wir fahren im Auto mit

Tante Laura wohnt auf dem Dorf.
Sie ist mit ihrem Auto da.
Sie ruft uns,
denn sie will uns mitnehmen.

Wir laufen aus dem Haus.

Wohin fahren wir?
Wir fahren in mein Dorf.
Da wollen wir uns die Tiere ansehen.

Haus
Maus
Laus

raufen
laufen
saufen

auf dem Dorf
aus dem Auto

Wer wohnt auf dem Dorf?

Lies erst leise. Lies nun laut.

Auf dem Dorf

O, eine Sau! Wir laufen hin.
Die Sau hat  .

Wie sie alle saufen!

Wir lassen die Sau nun allein.
Sie will fressen.
Sie will saufen.
Sie will ausruhen.

Die Henne …

essen
messen
fressen

ruhen
die Ruhe

laufen
der Lauf

laufen	ruhen	sehen	fressen
hinlaufen	**aus**ruhen	**an**sehen	**auf**fressen

B	**b**
B	*b*

Eine Bude bauen

Ali und Nina bauen eine Bude.

Nina:
„So, nun haben wir unsere Bude.
Hier bleiben wir, bis Mama ruft."
Ali:
„Wollen wir in unserer Bude lesen?"
Nina:
„Nein, wir malen uns als Monster an."

Nanu, was ist mit Mimi?

bauen
baue
bau
baue
bauen

haben
habe
hab
habe
haben

Was wollen Ali und Nina in der Bude tun?
Lies erst leise. Lies dann laut.

Unser Baumhaus

Nina: „Wir haben
ein Baumhaus.
Willst du es sehen?“

Ali: „Wo ist
das Baumhaus ?“

Nina: „Es ist im Wald
hinter dem Dorf.
Willst du mitfahren?“

Ali: „Und ob.
Wann fahren wir?“

Nina: „Wenn es warm
wird, fahren wir hin.
Dann wollen wir
unser Baumhaus
bemalen.“

Ali: „Soll es blau
oder bunt werden?“

Nina: …

Haus	malen	fahren
Baumhaus	anmalen	mitfahren
Hundehaus	bemalen	hinfahren

K k
K k

Kati am Telefon

Kati ruft ihre Mutti an.
„Hallo, Mutti!“

„Na, Kati, was ist denn ?“

„Mutti, wir wollen einkaufen.
Was sollen wir denn alles kaufen ?“

„Kauft Brot, Butter, Eier und Reis!“

kaufen
kauft ein
einkaufen

kaufen
kaufe
kauf
kaufe
kaufen

Kati und Klaus kaufen ein

Klaus nimmt einen Korb.
Kati holt ein Brot, Eier und Reis.
Wo ist die Butter?
Klaus findet sie.
„Wollen wir Kekse und Eis mitnehmen?“

Nun warten sie an der Kasse.

wir kaufen
er kauft
die Kaufhalle
das Kaufhaus

wir bitten
er bittet
die Bitte

wir finden
er findet

die Mutter	die Kasse	wir kaufen	wir finden
die Butter	die Tasse	wir laufen	wir binden

ch

ch

So bin ich

Ich lese oft.
Ich bin eine Leseratte.

Ich koche manchmal.
Dann bin ich ein Koch.

Ich sehe oft fern.
Bin ich dann ein Fernseher?

Manchmal bin ich auch ein bisschen frech.

Und was bist du?

kochen
koche
koch
koche
kochen

ich koche
er kocht
der Koch

ich mich

sich dich

frech Pech

auch Bauch

doch Koch

Das kann ich

Ich habe ein Kochbuch.
Damit kann ich tolle Sachen kochen.
Denn ich kann im Kochbuch lesen.

Ich kann tief tauchen.
Dann sehe ich durch meine Taucherbrille.

Ich kann rechnen: 1+9
2+8
3+7

Und was kannst du?

machen
mache
mach
mache
machen

tauchen
tauche
tauch
tauche
tauchen

rechnen
ich rechne
er rechnet

Sch	**sch**
Sch	*sch*

Wir lernen mit Sascha

Sascha lebt erst drei Monate bei uns.
Er kam aus Russland.

Sascha fehlt nun schon eine Woche
in der Schule.

Wer will Sascha helfen?
Marie will mit Sascha lesen.
Kati will mit ihm schreiben.

schreiben
schreibe
schreib
schreibe
schreiben

wir schreiben
ich schreibe
er schreibt

wir wollen lesen
er will lesen

wir wollen schreiben
er will schreiben

fehlen
er fehlt

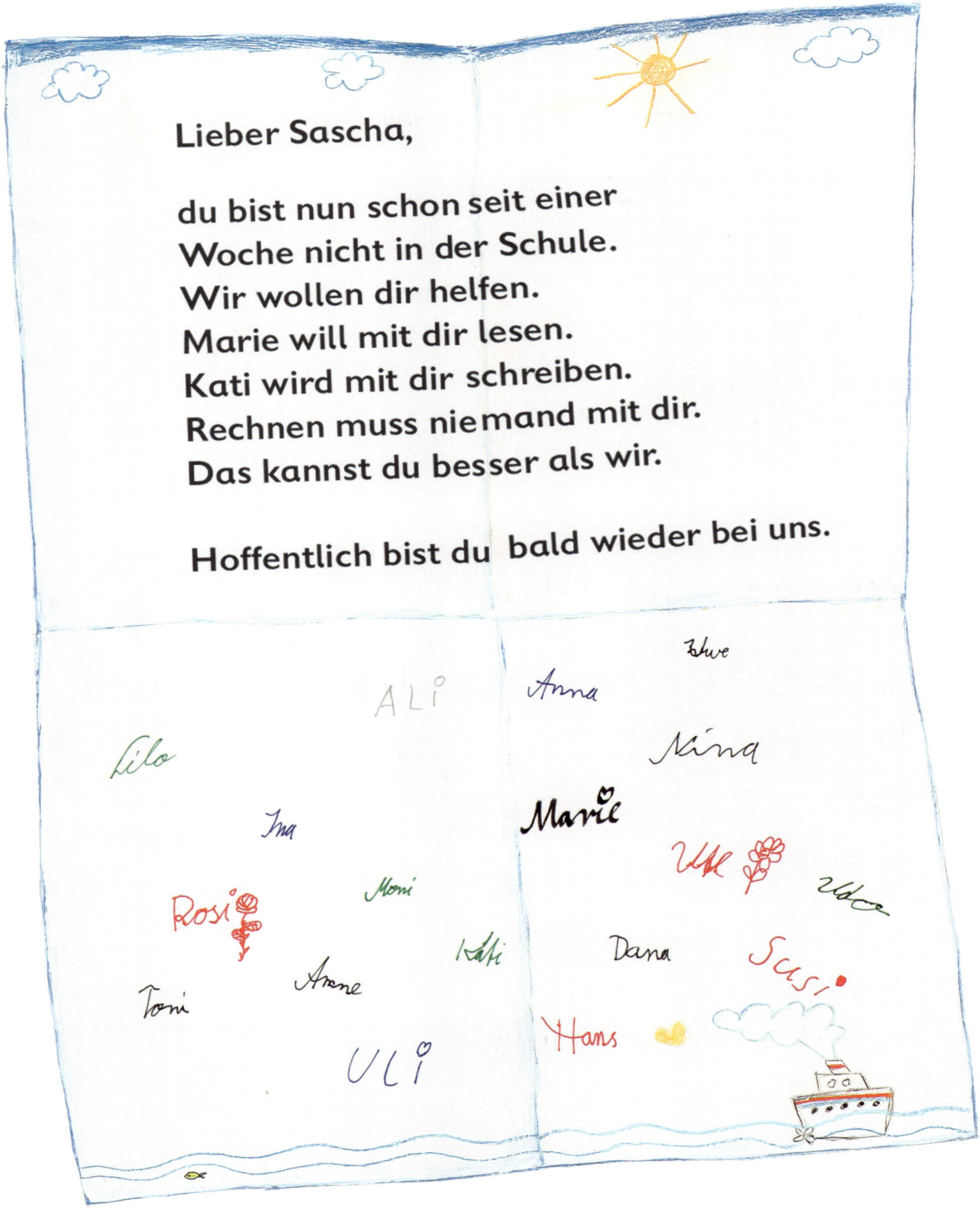
Lieber Sascha,

du bist nun schon seit einer Woche nicht in der Schule.
Wir wollen dir helfen.
Marie will mit dir lesen.
Kati wird mit dir schreiben.
Rechnen muss niemand mit dir.
Das kannst du besser als wir.

Hoffentlich bist du bald wieder bei uns.

Uwe
ALI
Anna
Lilo
Nina
Marie
Ina
Rosi
Moni
Udo
Kati
Dana
Susi
Toni
Anne
Hans
ULI

Wie will Marie Sascha helfen?
Was wird Kati tun?

Ein Brief aus dem Urlaub

Lieber Uwe,
ich bin mit meinen Eltern im Winterurlaub.
Auf den Fotos siehst du,
was wir bisher erlebt haben.
Wenn ich nach Hause komme,
besuche ich dich.

Deine Anne

Hier wohnen wir.

Mit dem Schi-Lift fahren wir hoch.

So fahren wir Schi
und rodeln.

Mein Schlitten
ist schnell.

Wir bauen
einen Schneemann
und eine Schneefrau.

Hier wandern wir
in den Wald.
Im Wald sind Rehe
und Hirsche.

Am Baum ist Eis. Das sieht toll aus.

Wir essen Abendbrot.

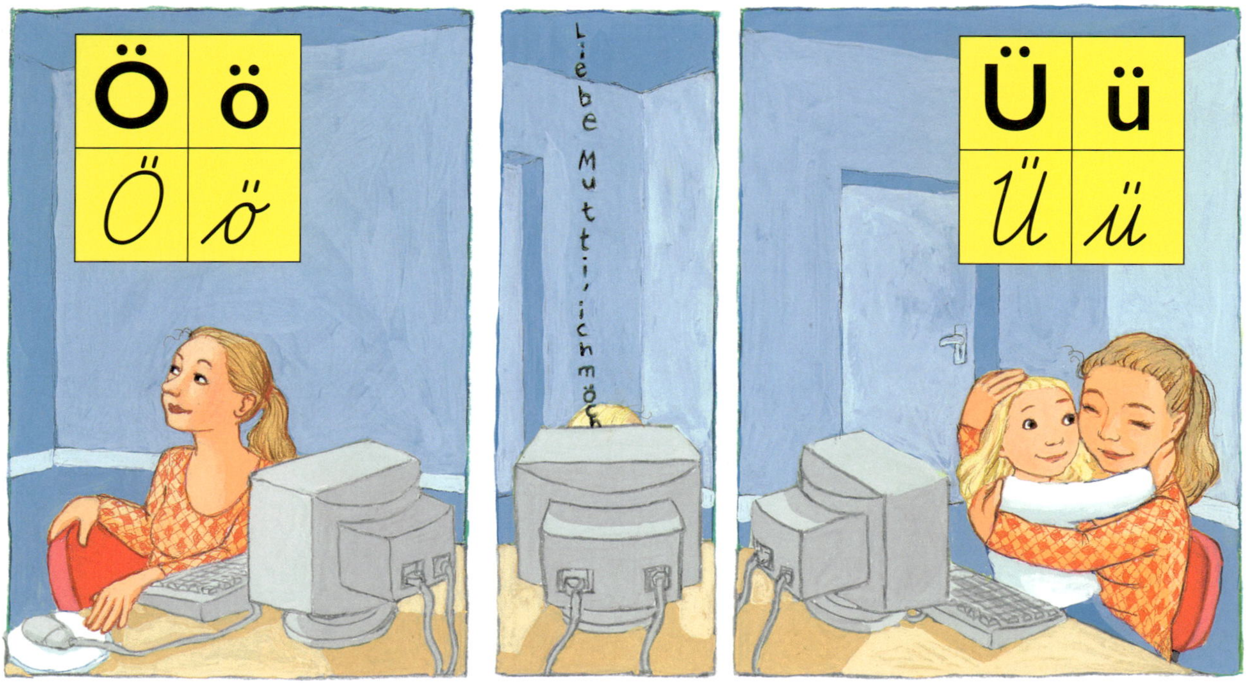

Ein Brüderchen?

Mama schreibt einen Brief.
Da hört sie das Telefon.
Nun schreibt Anne:

Liebe Mutti,
ich möchte ein Brüderchen haben.
Ich wünsche es mir so sehr.

Mama liest Annes Wunsch und lacht.

sie möchte
wir möchten

sie hört
wir hören

sie wünscht sich
ich wünsche mir

wünschen
der Wunsch

Was schreibt Anne an Mama?
Lies erst leise. Lies dann laut.

Mama sagt:
„Bald wird es soweit sein.“
Anne meint:
„Ich möchte einen schönen Namen
für mein Brüderchen aussuchen.
Ob wir es Anton nennen?
Oder ob wir es Andi nennen?
Anne und Andi.
Andi kann meine Puppe haben.“

	schön	ein	Bruder	für
	schöne Namen	ein kleiner	Bruder	für mich
ein	schöner Name	mein kleines	Brüderchen	für das Brüderchen

G g
G g

Eine Geige

Anne und Sascha wollen Susi besuchen.
Sie hören leise Musik.
„Schön“, sagt Sascha.
„Sehr schön“, sagt Anne.
„Das ist sicher Susis Bruder.
Er hat eine Geige.
Das hat mir Susi gesagt.
Ob wir die Geige mal anfassen dürfen?“

sagen
sagt
gesagt

fragen
fragt
gefragt

hören	fassen	sehen	suchen
anhören	anfassen	ansehen	besuchen

Was ist alles weiß?

Die Lehrerin fragt:
„Was ist alles weiß?“
Moni sagt: „Der Schnee.“
Sascha sagt: „Das Mehl.“
Anna sagt: „Die Kreide.“
Marie sagt: „Klaus ist weiß,
weil er die Tafel abgewischt hat.“

Die Lehrerin fragt:

Was ist alles heiß?

Moni sagt …

Sascha sagt …

Anna sagt …

Marie sagt …

Mein Vogel

Ich habe von Oma
einen Vogel bekommen.
Er soll Bubi heißen.
Vati hat einen Vogelbauer geholt.
Mama hat Vogelfutter gekauft.
Ich will meinen Vogel gut versorgen.
Bubi soll es gut bei mir haben.

Vogel
Vogelbauer
Vogelfutter
Vogel…

sorgen
versorgen
besorgen

Kuchen
Möhre
Brot
Wurst
Birne
Mais
Apfel

Finde heraus, was ein Wellensittich fressen darf.

Eu	eu
Eu	eu

Die Eulen

Es gibt kleine und große Eulen.
Der Uhu ist die größte Eule der Welt.
Eulen schlafen meist am Tage.
In der Nacht holen sie sich
ihre Beute.
Eulen haben sehr gute Augen
und ein sehr feines Gehör.

die Eule
die Beule

die Beute
die Leute

kleine Eulen
große Eulen

die Nacht
nachts

Finde heraus, was Eulen fressen.

Z z
Z z

Der Zauberer

Auf unserem Schulfest ist
ein Zauberer zu sehen.
Er hat einen Bart
und einen schwarzen Hut.

Der Zauberer hat zwei Kugeln
in einer Hand.

Über die Hand legt er ein Tuch.
„Hokus! Pokus! Verschwindikus!“
Er nimmt das Tuch wieder weg.
Eine Kugel ist verschwunden.

Zum Schluss nimmt der Zauberer
seinen Bart und auch den Hut ab.
Nanu, der Zauberer ist Mario
aus der Klasse 6a.

Welche Zauberworte sagt Mario? Lies vor.
Erfinde eigene Zauberworte.

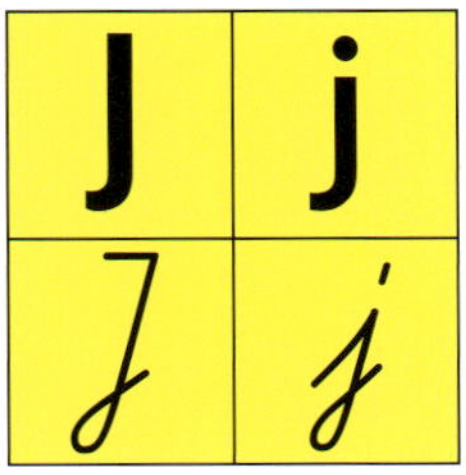

Julia schreibt einen Brief

Liebe Oma Johanna,

ich gratuliere dir ganz lieb zum Geburtstag.
Schade, dass ich nicht mit dir feiern kann.
Aber ich bin gerade im Judo-Lager.

In der Schule haben wir das J gelernt.
Das kann ich schon ganz gut schreiben.
Rate mal, warum!
Wenn ich im Juli bei dir bin,
werde ich dir jeden Tag etwas vorlesen.

Tschüs, deine Julia

Anna
Hanna
Johanna

Juli
Julia
Juliane
Julius

Wird Julia im Januar, im Juni oder im Juli
bei Oma Johanna sein?

tz
tz

Ä ä
Ä ä

Kleine Katzen

Kleine Katzen sind so drollig
und so wollig und so mollig,
dass man sie am liebsten küsst.
Aber auch die kleinen Katzen
haben Tatzen, welche kratzen.
Also Vorsicht! Dass ihr's wisst!

Kleine Katzen sind so niedlich
und so friedlich und gemütlich.
Aber schaut sie richtig an:
Jedes Sätzchen auf den Tätzchen
hilft, dass aus den süßen Kätzchen
mal ein Raubtier werden kann.

James Krüss

Tatzen
Katzen
kratzen

die Katze
das Kätzchen

die Tatze
das Tätzchen

der Satz
das Sätzchen

Sätzchen
Tätzchen
Kätzchen

drollig
mollig

richtig
wichtig

niedlich
friedlich

Äu	äu
Äu	*äu*

Ratet mal!

Wer jagte wohl mit viel Radau
die wilden Räuber aus dem Bau?

Wer rief die Kinder
wohl herein
ins Häuslein klein
aus Kuchen fein?

Was hat mein Brüderchen?
Ein Näschen, ein Mündchen,
helle Äuglein und
an jedem Händchen fünf …

rauben
Räuber

Haus
Häuslein

Auge
Äuglein

Mund
Mündchen

Maus
Mäuschen

Kinderlied

Schlaf, mein kleines Mäuschen,
schlaf bis morgen früh,
bis der Hahn im Häuschen
ruft sein Kikeriki.

ng
ng

ck
ck

Was sind das für Sachen?

Vögel, die nicht singen,
Glocken, die nicht klingen,
Kinder, die nicht lachen,
was sind das für Sachen?

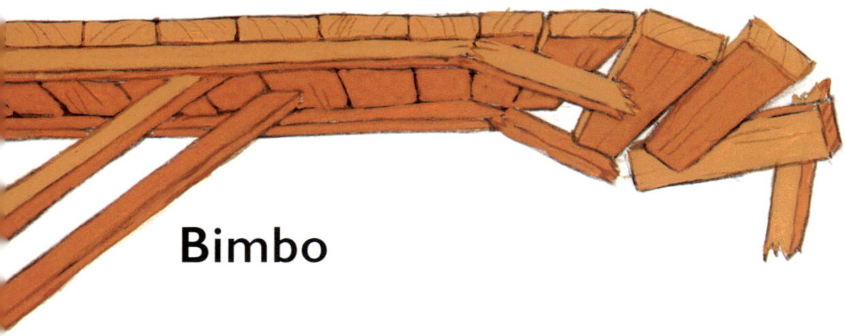

Bimbo

Bimbo ging über die Brücke,
da brach die Brücke in Stücke.
Doch zum Glücke
war das Wasser nicht tief
unter der Brücke.

singen	Sachen	die Brücke	tief
klingen	machen	in Stücke	lief
bringen	lachen	zum Glücke	rief

St st

St st

Wir basteln Stecktiere

Wir malen die Teile für die Figuren
auf Pappe.
Dann bemalen wir sie mit einem Pinsel
oder mit einem Stift.
Danach schneiden wir alle Teile aus.
Um die Figuren auf die Beine zu stellen,
stecken wir die Teile einfach zusammen.

Die Verkehrsampel

Wenn ich zur Schule gehe,
muss ich über eine breite Straße.
Dort fahren Autos, Busse und Motorräder.
Es gibt an dieser Straße eine Ampel.

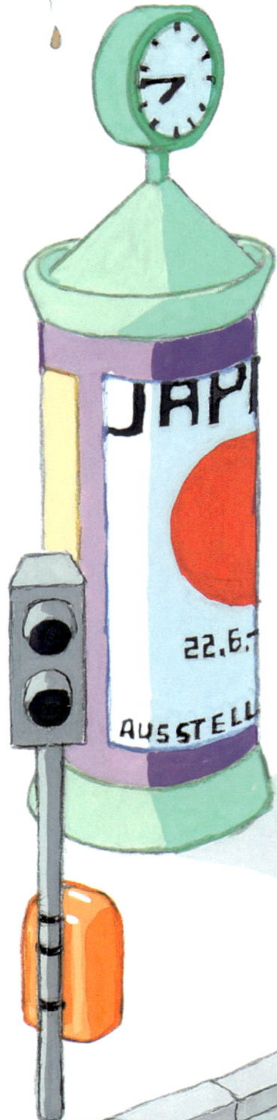

Wenn die Ampel **rot** leuchtet,
bleibe ich stehen.
Wenn die Ampel **grün** leuchtet,
kann ich gehen.

Heute ist die Ampel kaputt.
Ich schaue nach beiden Seiten.
Ich warte, bis kein Fahrzeug mehr kommt.
Dann erst gehe ich über die Straße.

Erkläre, wie du
über die Straße gehst.

Bei ROT bleibe stehn

Bei „Rot“ bleibe stehn,
bei „Grün“ kannst du gehn!
Bei „Rot“ musst du warten,
bei „Grün“ kannst du starten.

Das merke dir gut
und sei auf der Hut!

Was ist hier durcheinander?

Das Auto fährt	auf dem Wasser.
Der Zug fährt	auf dem Radweg.
Das Schiff fährt	auf der Straße.
Der Radfahrer fährt	auf den Schienen.

Sp	sp
Sp	*sp*

spielen
spiele
spiel
spielt

spielen
das Spiel
der Spieler

Der Kaktus

Der Kaktus würde gar zu gerne
mit den kleinen Igeln
spielen und spazieren gehn.

Leider hat er keine Beine,
und so muss der arme Kleine
still in seiner Ecke stehn.

Setze richtig ein.
Der Kaktus würde gar zu gerne
mit den kleinen Igeln …
(sprechen, spinnen, tanzen, spielen,
singen, spazieren gehen)

Vier kleine Tierrätsel

Er kräht beim ersten Morgenlicht,
hat einen Kamm und kämmt sich nicht.

Ich möchte hören, ob ihr kennt
den Vogel, der sich selber nennt.

Ich spreche. Er spricht.
Ich schweige. Er nicht.

Es steht im Zoo
und lässt sich beschaun.
Doch wird es geärgert,
spuckt es durch den Zaun.

Lies, ohne zu stolpern.
Ein Student mit spitzen Stiefeln
stolpert über einen spitzen Stein.

nk

nk

Anke hat Geburtstag

Frank, Anja und Kati kommen schon.
Sie wünschen Anke alles Gute zum Geburtstag.
Jeder hat ein Geschenk für Anke.
Anja schenkt ein Buch und Blumen.
Frank schenkt ein Kartenspiel
und Kati schenkt eine kleine Puppe.
Anke sagt: „Oh, danke, das ist toll!“

War es wirklich so?

Frank schenkt ein Buch.
Anja schenkt eine Puppe.
Kati schenkt Blumen.
Anke schenkt ein Kartenspiel.

der Geburtstag

die Geburt — der Tag

Pf	pf
Pf	pf

1

2

3

Pflanzen im Frühjahr

4

Anja erzählt:
„Im März habe ich Blumen gesät.
Nach zwei Wochen kamen grüne Spitzen
aus der Erde.
Sie wurden schnell größer und größer.
Da setzte ich jede Pflanze in einen Topf.
Als es wärmer wurde, pflanzte ich
die Blumen auf ein Beet."

5

Zu jedem Bild dieser Seite
gehört ein Satz. Betrachte ein Bild.
Suche den Satz dazu. Lies ihn vor.

Qu	qu
Qu	*qu*

Frösche im Teich

„Quak, quak, quak!“, so rufen die Frösche im Teich.
Die Kinder gehen dicht heran.
„Sieh, Uli, dort sitzt ein Frosch im Gras!“
Uli will ihn greifen.
Da ruft Lilo: „Lass ihn sitzen! Quäle ihn nicht!“
Der Frosch hüpft schnell fort.
Das sieht lustig aus.
Bald ruft er wieder: „Quak, quak!“

X x

X x

Meerschweinchen

Max und Felix fressen immer gemeinsam.
Wenn sie einen Apfel bekommen,
nagt Max an der einen Seite und Felix an der anderen.

Aber auf einmal ist alles wie verhext.
Max jagt Felix von dem Apfel weg.
Das geht einige Tage so. Was ist nur los?
Felix wird immer magerer und Max immer dicker.

Über Nacht ist es plötzlich klar:
Max ist ja gar kein Max, sondern eine Maxi.
Sie hat zwei Meerschweinchen bekommen.

Welche Überschrift passt noch zu diesem Text? Begründe.

Pflege:

C	c
C	*c*

Cora liest einen Comic

Cora geht mit Ali in die Bücherei.
Sie wollen sich Bücher ausleihen.
Ali liest gern Tierbücher
und Bücher mit lustigen Gedichten.
Cora holt sich gern einen Comic.

Heute hat sie sich diesen Comic ausgeliehen.

Weißt du, wie dieser Comic heißt?
Welchen Comic kennst du?

Der Kuss

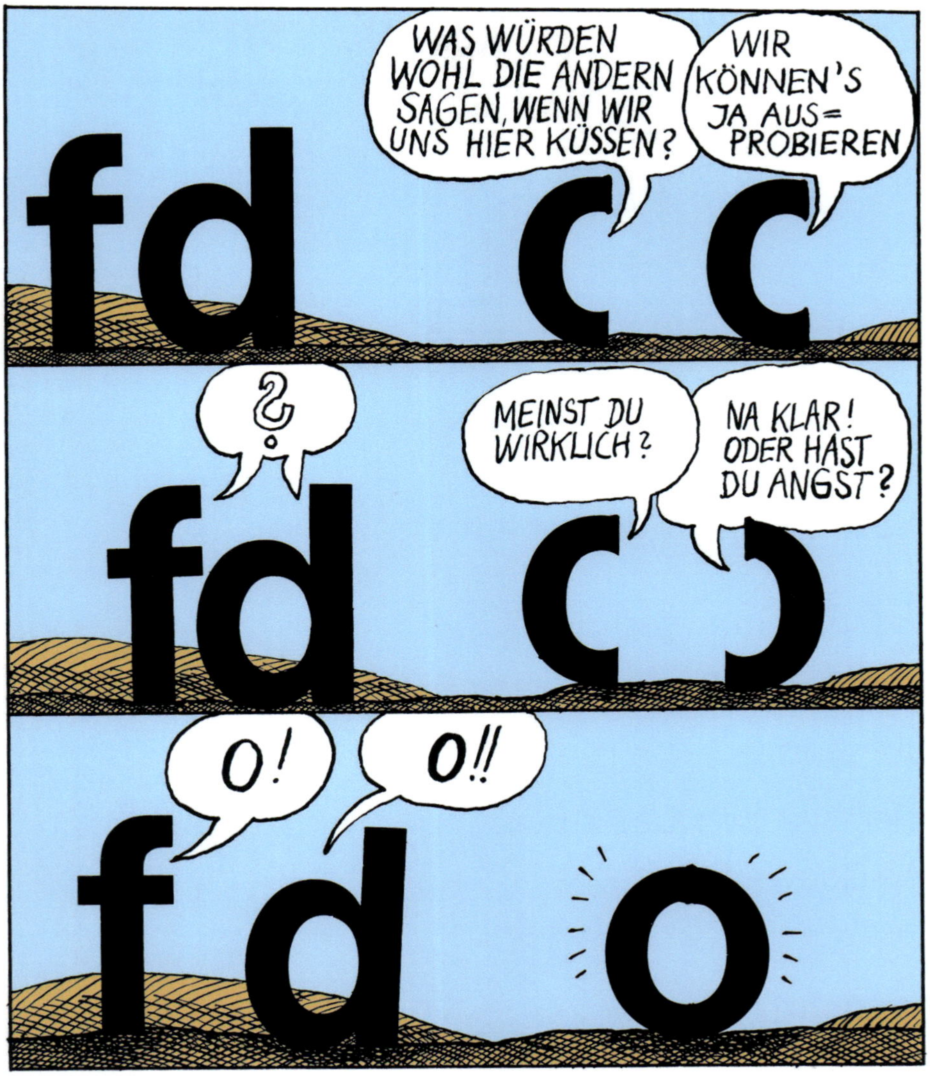

Paul Maar

Erzähle, was **f** und **d** beobachten.

Was wird aus **c** und **l**, wenn sie sich zusammentun?

Was kann aus **V** und **V** werden?

Welche Buchstaben passen noch zusammen?

chs

chs

Fuchs, du hast die Gans gestohlen

Fuchs, du hast die Gans gestohlen,
gib sie wieder her!
Gib sie wieder her!
Sonst wird dich der Jäger holen
mit dem Schießgewehr.

Vorsicht!

Der Fuchs geht um,
der Fuchs geht um,
geht um
den heißen Brei herum.

Paul Maar

Probiere selbst:

Der Dachs geht um, …   Der Luchs geht um, …   Die Echse …

Interessante Wörter

Y	y
Y	*y*

Ein **Pony** ist nicht das Baby vom Pferd.
Ein Pony ist ein besonders kleines Pferd.
Pony nennt man aber auch die Haare, die in die Stirn gekämmt werden.

Cowboy (Sprich: *Kaubeu*) bedeutet Kuhjunge.
Cow heißt *Kuh,* und *Boy* heißt Junge.
Cowboys arbeiten noch heute in Amerika auf einer Farm.
Dort hüten sie Rinder und fangen sie mit Lassos ein.

Der **Yak** ist ein Rind. Er lebt im Hochgebirge.
Sein Fell ist dunkelbraun und zottig.
Er wird als Last- und Reittier genutzt.
Die Menschen verwerten die Wolle und das Leder vom Yak, aber auch sein Fleisch, die Milch und den Mist.

In einem Lexikon erfährst du noch mehr zu diesen und anderen Wörtern.
Du kannst diese CD-ROM oder ein Buch nutzen.

Welches Wort möchtest du suchen?

Buchstabenfest

Janosch sammelt schöne Buchstaben für seinen Namen.

Natascha, Haruko und Indira schreiben ihre Namen.

Julia und Hans malen mit ihren Buchstaben.

Frank und Kati schreiben ihre Lieblingswörter auf.

Wähle aus. Welche Idee hast du noch?

Ein Platz für Lesefreunde

Zum Lesen, Schmökern und Üben

Wenn jeder ein Buch, eine Zeitschrift oder eine Kassette mitbringt, habt ihr schon eine große Auswahl für eure Lese-Ecke. Damit auch neue Bücher dort stehen, sprecht mit den Eltern. Es ist auch möglich, dass ihr euch in der Bibliothek eine Bücherkiste mit Märchen, Tiergeschichten oder Witzen zusammenstellen lasst.

Wie soll eure Leseecke aussehen? Welche Bücher und Zeitschriften wünscht ihr euch?

Tipps - von Kindern für Kinder

Zu welchem Buch möchtest du etwas schreiben oder zeichnen?

Mariechen

Mariechen auf der Mauer stund.
Sie hatte Angst vor einem Hund.
Der Hund hatte Angst vor der Marie,
weil sie immer so laut schrie.

Bertolt Brecht

Luise

Luise heulte immer gleich.
Der Gärtner grub einen kleinen Teich.
Da kamen alle Tränen hinein:
Ein Frosch schwamm drin mit kühlem Bein.

Bertolt Brecht

Kannst du es schon?

Mariechen auf der Mauer …
Sie hatte Angst vor …
Der Hund hatte …
weil sie immer …

Luise …
Der Gärtner …
Da kamen …
Ein Frosch …

Eine lustige Woche

Guten Tag, Herr Montag!
Wie geht es Frau D... ?
Ist der Herr M... zu Haus?
Sagen Sie der Frau D... :
Der Herr F...
geht mit der Frau S...
am S... aus.

Lies die Tage in der richtigen Reihenfolge!

Montag
Mittwoch
Samstag
Donnerstag
Freitag
Sonntag
Dienstag

Was Schönes zum Wegwerfen

Liebe Ulrike,

du darfst das Paket erst aufmachen,
wenn du erraten hast, was darin ist.
Es ist etwas Schönes zum Wegwerfen.
Es kann schwimmen,
aber es ist nicht aus Holz.
Es hat keine Beine,
aber es kann springen.
Es hat keine Flügel,
aber es fliegt gern.
Man schlägt es
mit der Hand oder mit der Faust,
das macht ihm alles nichts aus.
Man tritt es sogar mit dem Fuß,
aber man hat es doch gern.
Weißt du jetzt, was es ist?
Viel Spaß!

Liebe Grüße von deiner Tante Erna

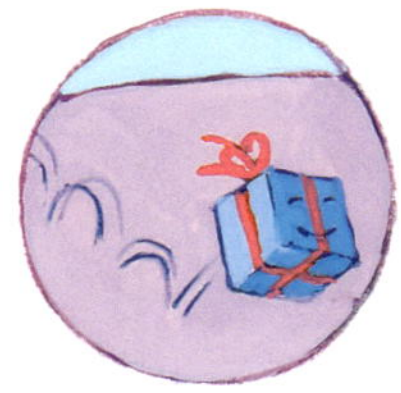

nach Josef Guggenmos

Male auf, was im Paket ist.
An welcher Stelle hast du es gemerkt?

Mein Ball

Mein Ball zeigt, was er kann,
hüpft **hoch** wie ein Mann,
dann **hoch** wie eine Kuh,
dann **hoch** wie ein Kalb,
dann **hoch** wie eine Maus,
dann **hoch** wie eine Laus,
dann ruht er sich aus.

Josef Guggenmos

Lies in der richtigen Reihenfolge!

Mein Ball hüpft hoch wie eine Maus
… wie eine Kuh
… wie ein Mann
… wie eine Laus
… wie ein Kalb

Wo manche Wörter wohnen

Das Wort
aus
wohnt in einem Haus,
in der Pause,
in der Maus
und auch in der Laus.

Das Wort
und
wohnt in einem Hund,
in der Stunde
und auch im Schlüsselbunde.

Das Wort
ein
wohnt im Schwein,
im Bein,
im Wein
und auch im Mondenschein.

Und wo wohnt das Wort ich ?

Wenn das M nicht wär erfunden

Wenn das **M** nicht wär erfunden,
wäre manches schief und krumm.
Denn dann hießen **M**ax und **M**oritz
Ax und Oritz. Das wär dumm.

Wenn das **M** nicht wär erfunden,
wäre mancher übel dran.
Maxi**m**ilian, der hieße
plötzlich Axi ilian.

Wenn das **M** nicht wär erfunden,
wär das ABC nicht voll.
Jede **M**a**m**a hieße a-a.
Und das wäre gar zu toll.

Doch zum Glück ist es erfunden.
Das ist nützlich! Das ist fein!
Denn nun können kleine Kinder
Mutti oder **M**a**m**i schrein.

James Krüss

Die Tiere meiner Nachbarin

Meine Nachbarin, Frau Wiegel,
hat im Garten fünfzehn …,
eine sieben Meter lange,
wunderschöne, glatte …,
und aus irgendeinem Grunde,
zwei sehr laute, dicke …

Dazu hält sie eine Herde
kleiner, aber wilder …,
dreizehn grüne Papageien,
die von früh bis abends …,
zwei sehr prächtige Giraffen,
einen Käfig voller …,
Störche, Gänse, Enten, Möwen
und seit gestern einen …

Jetzt sucht sie noch irgendwelche
pferdegroßen, schwarzen …
Fragt mich bitte nicht, wieso?
Sicher wird daraus ein …

Gottfried Herold

Simsalabim …

… und Sumsalabum,
jetzt wandeln wir die Wörter um.
Vertauscht man a, e, i, o, u,
dann geht es wie beim Zaubern zu:

Die Hand wird zum Hund,
der Mond wird zum Mund,
der Riese zur Rose,
der Hase zur … .

Irmela Brender

Wandle selbst Wörter um.

Wind zu W…
Spitz zu Sp…
Blase zu Bl…
Quelle zu Qu…
Puppe zu P…
Tinte zu T…
…

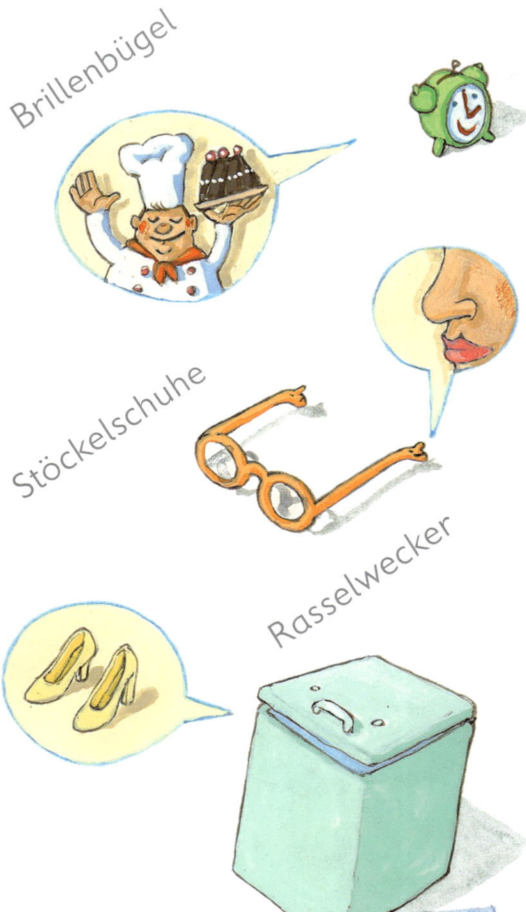

Die Dinge reden

„Ich reime mich auf Zuckerbäcker“,
sagt der alte … .

„Ich reime mich auf Nasenflügel“,
sagt der linke … .

Es brummelt stolz die Tiefkühltruhe:
„Ich reime mich auf … .”

Und die Standuhr sagt:

„Merkt ihr es nicht?
Wir sind ein Gedicht!“

Probiere selbst.

„Ich reime mich auf Haus“,
sagt die graue … .
„Ich …”

Segelbootpartie

Igels machen sonntags früh
eine Segelbootpartie.
Und die Kleinen jauchzen froh,
denn das Boot, das schaukelt so.
„Fallt nicht raus“, ruft Mutter Igel,
„denn ihr habt doch keine Flügel.
Wenn ihr dann ins Wasser fallt,
hu, da ist es nass und kalt.“

Erich Weinert

SEGEL
SEGELBOOT
SEGELBOOTFAHRT
SEGELBOOTPARTIE

Was passt hier hinein?
Und die Kleinen … froh,
denn das Boot, das schaukelt so.
(lachen, jubeln, weinen, jauchzen, schluchzen)

Warum das Schwein einen Ringelschwanz hat

Es ist schon lange, lange her;
wie lange, weiß kein Ferkel …,
da gab es einen Ferkeljungen,
der ist nie durch das Stroh …,
der hat nur immer dageguckt,
geträumt und in den Mond …,
hat duselig sein Lied gesungen
und seinen Schwanz ums Bein … .
Dabei zerknautschte er ihn ganz.
Drum hat das Schwein den … .

Werner Lindemann

Ringelschwanz
gesprungen
mehr
geguckt
geschlungen

Abzählreime

Reime, reime, Rätsel,
wer backt Brezel?
Wer backt Kuchen?
Der muss suchen.

Eins, zwei, drei, vier, fünf,
strick mir ein Paar Strümpf,
nicht zu groß und nicht zu klein,
sonst musst du der Haschmann sein.

Eins, zwei, drei, vier, fünf, sechs, sieben,
meine Mutter, die kocht Rüben,
meine Mutter schneidet Speck,
eins, zwei, drei, und du bist weg.

Welche Abzählreime kennst du noch?
Versuche selbst zu reimen.

Abzählreime

Ich und du,
Müllers Kuh,
Müllers Esel,
der bist du.

Eins, zwei, drei, vier,
die Maus sitzt am Klavier,
am Klavier sitzt die Maus –
und du bist raus.

Eins, zwei, drei, vier, fünf, sechs, sieben,
eine Bauersfrau kocht Rüben,
eine Bauersfrau kocht Speck –
und du bist weg.

Schreibe deinen Lieblingsreim ab.

Was Tiere können

Viele Tiere können springen,

andre möchten lieber singen.

Manche wollen ganz gern fliegen,

andre bleiben besser liegen.

Dann gibt's welche, die gut tauchen,

und auch welche, die laut fauchen.

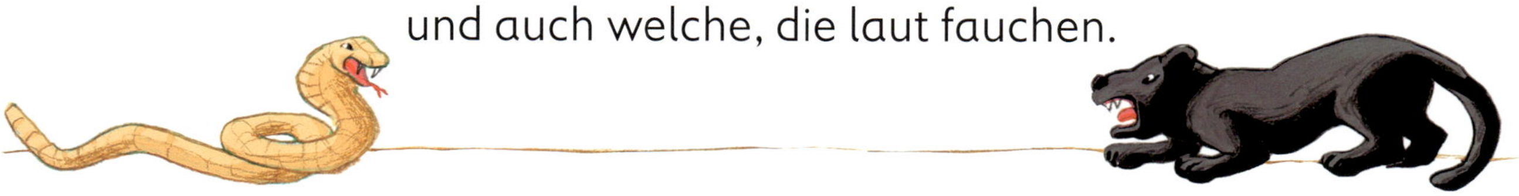

Manche können sehr schlecht sehn,

andre dafür richtig gehn.

Detlef Kersten

Manchmal

An manchen Tagen geht nichts zusammen.

Da bellt die Maus.
Da kräht der Frosch.
Da muht das Schwein.
Da piept der Hund.
Da quakt der Hahn.
Da quiekt das Huhn.
Da mauzt die Ziege.
Da meckert die Meise.
Da gackert die Katze.
Da zwitschert die Kuh.

nach Jürgen Spohn

Wie ist es richtig?
Da bellt *der Hund.*
Da kräht …
Da …
…

Probiere auch so.
Die Ente …
Das Pferd …
Der Storch …
…

Was machen die Kuddelmuddel-Tiere im Bild?
Das Schweinehuhn gackert.
Der Kuhvogel muht.
…

Kleine Zeichenverse

Punkt, Punkt, Komma, Strich,
fertig ist das Mondgesicht.
Und zwei spitze Ohren,
so wird sie geboren.
Ritze-ratze, ritze-ratze,
fertig ist die …!

Punkt, Punkt, Komma, Strich,
fertig ist das Mondgesicht.
Ein Kloß und ’ne Kartoffel,
fertig ist mein lieber … .

In die dicke runde Sechs
schreib die Zwei hinein.
Schwänzchen, Schnabel, Auge noch,
sag, was mag das sein?

Zeichne ohne abzusetzen

Das ist das Haus
von Katz und Maus.

Oder kennst du es so?

Das ist das Haus
vom Nikolaus.

Paul Klee nannte sein Bild: Der Häuserbaum.

Was erzählt dieses Baumbild?

Der Baum trägt Häuser und sogar kleine Bäume.

Unten an der Leiter steht …

Der Igel

- *lebt:* in Gärten, Parks und Wäldern
- *frisst:* Käfer, Frösche, Regenwürmer, Schnecken, Mäuse
- *schläft:* am Tage in seinem Versteck

Marie erzählt:
„Seit zwei Jahren kommt im Sommer
jeden Abend zur gleichen Zeit ein Igel zu uns.
Wenn es richtig dunkel ist,
raschelt es unter der Hecke an der Terrasse
Der Igel streckt sein Köpfchen hervor.
Ganz schnell trippelt er an der Hauswand entlang
bis zum Katzenfutter-Napf.
Er frisst alles leer und schmatzt laut.
Und die Katzen gucken zu.

So schnell, wie er gekommen ist,
verschwindet er auch wieder in der Hecke.“

Die Kohlmeise

Die Kohlmeise hat einen schwarzen Kopf
mit weißen Wangenflecken.
Der Bauch der Kohlmeise ist gelb.
Sie ist etwas kleiner als der Sperling.

Die Kohlmeise frisst Samen und Früchte,
aber vor allem Larven, Spinnen, Blattläuse
und Schnecken.

Ihr Nest baut die Kohlmeise
in Baumhöhlen, Mauerlöchern
und Nistkästen, manchmal
sogar in Briefkästen.

Finde zu jedem Abschnitt eine Überschrift.
Vergleiche, was Kohlmeise und Igel fressen.

Mini und Maxi

Die Hermine Zipfel ist sieben Jahre alt.
Sie ist sehr groß und sehr dünn,
hat fuchsrote Haare und Sommersprossen.

Alle nennen sie MINI.
Nur ihr Bruder, der Moritz, sagt oft
„Bohnenstange“ zu ihr.

Früher war der Mini immer zum Heulen,
wenn der Moritz so gemein zu ihr gewesen ist.
Dann hat sie gedacht: Er hat Recht,
ich bin ein zu groß und zu dünn geratenes Monster!

Doch seit die Mini in die Schule geht,
macht ihr das nichts mehr aus.
In ihrer Klasse sind ein paar Kinder so groß wie sie.
Der Axel ist sogar fünf Zentimeter länger.
Und niemand in der Klasse verspottet ihn.
Ganz im Gegenteil.

Die kleine Maxi, die beste Freundin der Mini, fragt ihn oft im Spaß: „Kannst du mir nicht ein paar Zentimeter abgeben? Ich hätte sie dringend nötig!“ Die Maxi ist nämlich das kleinste Kind in der Klasse, und sie behauptet, dass es große Leute immer und überall besser haben als kleine, und dass die „Knirpse“ ewig im Nachteil sind.
Jetzt glaubt Mini ihrer Mama, wenn die sagt: „So wie du bist, bist du o.k.!!!“

Christine Nöstlinger

Die Mini und der Moritz fahren zusammen Bahn. Auf einmal ist der Moritz weg. Wie soll sie jetzt allein nach Hause kommen? Aber die Mini ist kein Angsthase ...

Sven und Michael

Montagmorgen.
Sven und sein Bruder Michael ziehen sich an.
Ihre Taschen sind schon gepackt.
Michael geht in die Schule.
Sven kann nicht gehen.
Er fährt mit dem Rollstuhl.

Sven und Michael spielen auf dem Hof.
Sie machen ein Wettspiel.
Michael läuft und läuft.
Sven rollt und rollt.
Wer ist wohl schneller?

Neues vom Franz

Einmal, an einem Samstag,
ging es dem Franz sehr schlecht.
Gleich am Morgen, beim Aufstehen,
fing der Ärger an.

Der Franz wollte die rote Latzhose anziehen.
Aber die rote Latzhose war verschwunden.
Im Schrank war sie nicht,
in der Schmutzwäsche war sie nicht,
in der Waschmaschine war sie nicht.

„Mama, meine rote Hose ist weg!“,
rief der Franz ganz aufgeregt.
Doch die Mama nickte bloß und sagte:
„Ja! Ich hab sie dem Stefan geschenkt.
Sie war dir schon knapp um den Bauch!“

Da fing der Franz zu toben an.
Die Mama konnte doch nicht einfach
seine einzige, echte Lieblingshose verschenken!

Christine Nöstlinger

Warum ist Franz ganz aufgeregt?
Was würdest du sagen, wenn du der Franz wärst?

Namen und Grüße aus aller Welt

Nils in Schweden

Marika in Ungarn

Bob in England

Haruko in Japan

Natascha in Russland

Janek in Polen

Marietta in Italien

...
Bonjour!
Abena in Kenia
Indira in Indien
PEDRO in Mexiko
Nicole in Frankreich
Susan in den USA
Kemal in der Türkei
Li in Vietnam
Fu-li in China

Guten Appetit

Anna ist bei Joko eingeladen.
Es gibt Reis mit Gemüse und Soße.
Da sind Hölzchen, aber keine Löffel
und keine Gabeln.

„Wofür sind die Hölzchen?“,
fragt Anna.
„Zum Essen“, antwortet Joko.
Joko nimmt die Stäbchen und isst.
Jokos Mama macht das auch so.
Anna sieht Joko ratlos an.

„Ach, entschuldige“,
sagt Jokos Mama.
„Japaner essen mit Stäbchen.
Aber Europäer essen mit Löffeln.“
Sie gibt Anna einen Löffel.
„Danke“, sagt Anna.
Aber dann nimmt Anna doch die Stäbchen.

Nach dem Essen spielen Anna und Joko
MIKADO. Das können beide gut.

Sabine Jörg

Lies die Textstelle vor, die genau zum Bild passt.

Schulfrühstück

Die Kinder der Klasse 1a kommen aus verschiedenen Ländern: Anna aus Deutschland, Viktor aus Russland, Amani aus Palästina, Roman aus Polen und Karim aus dem Iran.

Lest auch unter www.wie-fruehstueckt-die-welt.de nach.
Sammelt unterschiedliche Rezepte und probiert sie aus.

Was alle essen

Deutsch	Englisch	Russisch	Türkisch	Italienisch
Banane	banana	banan	muz	banana
Apfel	apple	jabloko	elma	mela
Kartoffel	potato	kartoschka	patates	patata
Bonbon	sweet	konfjeta	bonbon	caramella
Keks	biscuit	petschenje	bisküvi	biscotto

Früchtequark, Bananen, Äpfel oder Bonbon essen alle gern.

Bananen-Quark

Du brauchst:

- einen Becher Quark
- eine Banane
- zwei Löffel frische Milch
- einen Löffel Honig

So geht es:

- Zerschneide die Banane und zerdrücke sie mit der Gabel.
- Gib diesen Bananenbrei, die Milch und den Honig in den Quark.
- Rühre alles mit dem Schneebesen glatt.

Überlege, wie man Erdbeer- oder Schokoquark zubereitet.

One - two - three

Ja is yes,
nein is no,
Biene heißt bee
und zählen geht so:
one – two – three.

Ein Hund is a dog,
eine Katze is a cat
this ist anders als that.
This is a dog
and that is a cat.

A cow ist eine Kuh
und die macht auch
in England muh,
a chair ist ein Stuhl.
Englisch ist cool!

Hans & Monique Hagen

Finde heraus, wie man dir unbekannte Wörter aus diesem Gedicht spricht. Frage deine Eltern, ältere Geschwister oder Freunde.

Ein wenig Angst

Ilka hat Angst vor Hunden.
Vor kleinen wie großen,
vor schwarzen und gelben,
vor solchen mit Schlappohren
oder mit Stummelschwänzchen.
Sieht sie nur einen Hund von weitem,
bekommt sie einen fürchterlichen Schreck.

Ilka hat nicht bloß
vor Hunden Angst,
sie fürchtet sich vor vielem:
Wenn der Wind die Äste des Baumes
ans Fenster drückt und die
kratzen dann an den Scheiben.

Sie hat Angst
am alten Haus vorbeizugehen,
Fenster und Haustür sind zugenagelt.
Es soll abgerissen werden.

Oder es knarrt oder brummt
irgendwo in der Wohnung,
und ist sie allein,
wird sie blass vor Schreck
und steht ganz starr.
Ihre Hände werden feucht.
Sie kann sich nicht bewegen,
als seien ihre Beine
aus schwerem Eisen.

Sie würde gern ihre Angst zugeben,
aber dann lachen
die anderen bestimmt.
Die haben nämlich keine Angst.

Gerhard Holtz-Baumert

Erzähle, wovor Ilka Angst hat.
Nutze die Bilder.
Ob die anderen Kinder wirklich keine Angst haben?

Rabulan, der Riese

Rabulan, der Riese,
isst so gerne … .

Er sagt: „Gemüse ist gesund!“,
und verzehrt aus diesem Grund
täglich einen Haselstrauch
und ein Fuder Rüben … ,
einen Kürbis obendrein;
denn er will bei Kräften … .

Bei Ferdinand und Lieschen
tun’s Äpfel, Salat und … !

Josef Guggenmos

Vom Riesen Timpetu

Pst! Ich weiß was. Hört mal zu:
War einst ein Riese Timpetu.
Der arme Bursche hat – o Graus –
im Schlafe nachts verschluckt ’ne Maus.

Er lief zum Doktor Isegrim:
„Ach, Doktor, mir geht’s heute schlimm.
Ich hab im Schlaf ’ne Maus verschluckt,
die sitzt im Leib und kneipt und druckt.“

Der Doktor war ein kluger Mann,
man sah’s ihm an der Brille an.

Er hat ihm in den Hals geguckt:
„Wie? Was, ’ne Maus
habt Ihr verschluckt?
Verschluckt ’ne Miezekatz dazu,
so lässt die Maus
Euch gleich in Ruh!“

Alwin Freudenberg

Das Hühnchen, die Maus und das Birkhuhn

Es waren einmal ein Hühnchen, eine Maus und ein Birkhuhn. Das Hühnchen fand ein Gerstenkorn und gackerte freudig:

„Hab' ein Korn gefunden,
hab' ein Korn gefunden!"
Das Korn muss gemahlen werden.
„Wer wird das Korn
in die Mühle tragen?"
„Ich nicht", sagte die Maus.
„Ich nicht", sagte das Birkhuhn.

Da war nichts zu machen. Das Hühnchen nahm das Korn und trug es selbst in die Mühle. Dort wurde es gemahlen.

„Wer wird den Teig kneten?", fragte das Hühnchen.
„Ich nicht", sagte die Maus.
„Ich nicht", sagte das Birkhuhn.
Da knetete das Hühnchen den Teig.

„*Wer wird den Ofen heizen?*“, fragte das Hühnchen.
„*Ich nicht*“, sagte die Maus.
„*Ich nicht*“, sagte das Birkhuhn.
Da heizte das Hühnchen den Ofen.

„*Wer wird das Brot in den Ofen schieben?*“, fragte das Hühnchen.
„*Ich nicht*“, sagte die Maus.
„*Ich nicht*“, sagte das Birkhuhn.
Da musste das Hühnchen es selbst hineinschieben.

Das Brot wurde groß und knusprig. Das Hühnchen legte es auf den Tisch und fragte: „*Und wer wird das Brot essen?*“
„*Ich*“, sagte die Maus und setzte sich an den Tisch.
„*Und ich*“, sagte das Birkhuhn und setzte sich auch.

Russisches Märchen

Die kleine Hexe hat Ärger

Das Hexen ist keine einfache Sache.
Wer es im Hexen zu etwas bringen will,
darf nicht faul sein. Er muss zuerst alle kleineren
Hexenkunststücke lernen und später die großen.

Die kleine Hexe übte gerade das Regenmachen.
Sie saß auf der Bank vor dem Backofen,
hatte das Hexenbuch auf den Knien liegen und hexte.
Der Rabe Abraxas saß neben ihr
und war unzufrieden.
„Du sollst einen Regen machen“,
krächzte er vorwurfsvoll, „und was hext du?
Beim ersten Mal lässt du es weiße Mäuse regnen,
beim zweiten Mal Frösche,
beim dritten Mal Tannenzapfen!

Was sollte die kleine Hexe zaubern? Lies nach.

- einen tollen Schnee
- einen richtigen Regen
- einen heftigen Wind

Ich bin ja gespannt, ob du wenigstens jetzt
einen richtigen Regen zustande bringst!"

Da versuchte die kleine Hexe zum vierten Mal,
einen Regen zu machen.
Die Wolke riss auf und es regnete – Buttermilch.
„Buttermilch!", kreischte Abraxas.
„Mir scheint, du bist völlig übergeschnappt!
Was willst du denn noch regnen lassen?
Wäscheklammern vielleicht?
Oder Schusternägel?
Wenn es doch wenigstens
Brotkrümel
oder Rosinen wären!"

Otfried Preußler

Ob die kleine Hexe schließlich
doch noch hexen lernt? Ihr
könnt euch auch die CD anhören.

Freunde und ihre Geschichten

Freunde

„Hallo, Bär!"
„Wie, was, wo?", rief der Bär.
„Ich bin es, das Eichhörnchen."
„Ach so, du bist es."
„Wollen wir nicht spielen?",
fragte das Eichhörnchen.
„Komm, wir spielen
Bockspringen."

Marvin

Die Nacht und die Fledermaus

Die Fledermaus suchte einmal
ein paar Blätter und hatte auch
einige gefunden.
Aber das eine Blatt war ein Frosch!
Und der Frosch schlief!
Der Frosch wachte auf
und fragte: „Kannst du
mich wieder ins Bett bringen?"

Christin

Erzähle oder schreibe nun deine Geschichte zu den Bildern.

Durst

Frau Katze ging spazieren.
Da sie Durst hatte, setzte sie sich in ein Cafe.
Sie bestellte Zitronen-Kiwi-Saft.
Plötzlich zwitscherte es laut hinter ihrem Rücken.
Sie drehte sich um und sah …

Der Elch und die Eule

Die Eule sitzt auf ihrem Lieblingsbaum.
Da sieht sie den Elch.
Sie ruft: „Hallo, Elch, komm zu mir."
Der Elch fragt: „Und wie soll ich hinaufkommen?"
Die Eule …

Wähle dir ein Bild aus. Betrachte es in Ruhe. Erzähle oder schreibe weiter.

Komm mit durchs Jahr!

Zum Lesen, Vorlesen und Zuhören

Die vier Jahreszeiten

Es war eine Mutter,
die hatte vier Kinder:
den Frühling, den Sommer,
den Herbst und den Winter.

Der Frühling bringt Blumen,
der Sommer bringt Klee,
der Herbst bringt uns Trauben,
der Winter den Schnee.

Im Herbst

Udo und Dana sammeln .

Ute und Moni sammeln .

Tilo und Anna sammeln .

Marie und Uwe sammeln .

Die Kastanie

Stacheln hab ich wie ein Igel.
Ei, sieht das nicht lustig aus?
Purzle ich vom Baum herunter,
springt ein braunes Männlein raus.

Falle, falle, falle

Falle, falle, falle
gelbes Blatt – rotes Blatt
bis der Baum
kein Blatt mehr hat.
Weggeflogen alle.

Das Kürbisgespenst

Manuela hat einen Kürbis mitgebracht.
Sie schneidet den Deckel ab.
Uwe höhlt den Kürbis mit einem Löffel aus.
Manuela schneidet mit einem Messer
Nase, Mund und Augen aus.
Dann legt Anne eine Taschenlampe
in den hohlen Kürbis.
Sie zieht die Vorhänge zu
und schaltet das Licht aus.
Das Kürbisgespenst leuchtet.

Fünf Gespenster

Fünf Gespenster
hocken vor dem Fenster.
Das erste schreit: „Haaaaaaa!“
Das zweite heult: „Hooooooo!“
Das dritte brummt: „Huuuuuuu!“
Das vierte lacht: „Hiiiiiii!“
Das fünfte schwebt zu dir herein
und flüstert:
„Woll’n wir Freunde sein?“

Dorothée Kreusch-Jacob

Der Bratapfel

Kinder, kommt und ratet,
was im Ofen … !
Hört, wie's knallt und zischt!
Bald wird er … ,
der Zipfel, der Zapfel,
der Kipfel, der Kapfel,
der gelbrote … .

Kinder, lauft schneller,
holt einen … ,
holt eine Gabel!
Sperrt auf den …
für den Zipfel, den Zapfel,
den Kipfel, den Kapfel,
den goldbraunen … .

Sie pusten und prusten,
sie gucken und schlucken,
sie schnalzen und schmecken,
sie lecken und …
den Zipfel, den Zapfel,
den Kipfel, den Kapfel,
den knusprigen Apfel.

Fritz und Emilie Kögel

Dieses Gedicht ist schon sehr alt.
Woran kann man das erkennen?

Vom Christkind

Denkt euch – ich habe das Christkind gesehn!
Es kam aus dem Walde, das Mützchen voll Schnee,
mit gefrorenem Näschen.
Die kleinen Hände taten ihm weh;
denn es trug einen Sack, der war gar schwer,
schleppte und polterte hinter ihm her.
Was drin war möchtet ihr wissen?
Ihr Naseweise, ihr Schelmenpack!
Meint ihr, er wäre offen, der Sack?
Zugebunden bis oben hin!
Doch war gewiss was Schönes drin.
Es roch so nach Äpfeln und Nüssen!

Anna Ritter

Ruprecht, Ruprecht, guter Gast,
hast du mir was mitgebracht?
Hast du was, dann setz dich nieder,
hast du nichts, dann geh nur wieder!

Alter Weihnachtsruf

Weihnachten

Nun ist Weihnachten da!

Anna und Tilo 

mit  und  .

An den  sind rote  .

Unter dem  ist eine  .

Ihr Kinderlein kommet

Ihr Kinderlein kommet,
o kommet doch all!
Zur Krippe her kommet
in Bethlehems Stall! …

Die drei Spatzen

In einem leeren Haselstrauch
da sitzen drei Spatzen, Bauch an Bauch.
Der Erich rechts und links der Franz
und mittendrin der freche Hans.
Sie haben die Augen zu, ganz zu,
und oben drüber, da schneit es, hu!
Sie rücken zusammen, dicht an dicht.
So warm wie der Hans hat's niemand nicht.
Sie hör'n alle drei ihr Herzlein Gepoch.
Und wenn sie nicht weg sind, so sitzen sie noch.

Christian Morgenstern

Ein einfaches Vogelhaus

- 2 Holzbrettchen
- Löcher in die Ecken bohren
- durch die Löcher eine feste Schnur ziehen

Frau Holle

Hoch über unsern Köpfen sitzt Frau Holle
und sinnt, ob sie die Betten schütteln solle,
ob heute schon, ob morgen oder wann?
O mach dir keine Sorgen, Frau, fang an!
Du bist doch alt genug und hast's erfahren
im letzten Jahr und schon vor tausend Jahren,
dass alle Kinder jubeln, weil sie's lieben,
wenn hunderttausend weiße Flocken stieben.

Josef Guggenmos

Schneemann Dicki Hinkebein

Schneemann Dicki Hinkebein,
der liebt keinen Sonnenschein,
der hat lieber Eis und Schnee,
der friert nie an einem Zeh.

Alfred Könner

Der Schneemann ist so rund, wiegt hundert Pfund.
Doch wenn die liebe Sonne scheint,
dann wird er klein,
so klein,
so klein.

Kurz vor Ostern

Erste warme Sonne liegt
auf den grünen Hügeln.
Und ein rotes Pünktchen fliegt
hin und her, vom Wind gewiegt:
früh schon auf den Flügeln.

Liebes rotes Käferlein
mit den schwarzen Tupfen,
kommst so zeitig und allein,
noch liegt Schnee am Wiesenrain:
hol dir keinen Schnupfen.

Fred Rodrian

Das Osterei

Hei, juchhei! Kommt herbei!
Suchen wir das Osterei!
Immerfort, hier und dort
und an jedem Ort!

Ist es noch so gut versteckt,
endlich wird es doch entdeckt.
Hier ein Ei! Dort ein Ei!
Bald sind's zwei und drei.

Heinrich Hoffmann von Fallersleben

März

Kinder aus den Stuben,
Küken aus dem Ei,
Vögel aus dem Süden
sind auch bald dabei.

Alfons Schweiggert

Frühlingsliedchen

Singe, Vogel, singe!
Blühe, Blümchen, blühe!
Wir sind guter Dinge,
sparen keine Mühe,
spät und frühe.

Johann Wolfgang Goethe

Siehst du, Ostereierschalen
kann man so und so bemalen.
Innen sind die Eier gleich,
immer gelb und weiß und weich.

Hans Manz

Im See

Heute ist das Wasser warm,
heute kann's nichts schaden,
schnell hinunter an den See!
Heute gehn wir baden!

Eins, zwei, drei – die Hosen aus,
Stiefel, Wams und Wäsche!
Und dann – plumps! – ins Wasser rein,
gerade wie die Frösche!

Und der schönste Sonnenschein
brennt uns nach dem Bade
Brust und Buckel knusperbraun,
braun wie Schokolade.

Adolf Holst

Das Gedicht haben so schon eure Urgroßeltern gelernt.
Woran merkst du das? Lies vor.

Sommer

Weißt du, wie der Sommer riecht?
Nach Birnen und nach Nelken,
nach Äpfeln und Vergissmeinnicht,
die in der Sonne welken,
nach heißem Sand und kühlem See
und nassen Badehosen,
nach Wasserball und Sonnenkrem,
nach Straßenstaub und Rosen.

Weißt du, wie der Sommer schmeckt?
Nach gelben Aprikosen
und Walderdbeeren, halb versteckt
zwischen Gras und Moosen,
nach Himbeereis, Vanilleeis
und Eis aus Schokolade,
nach Sauerklee vom Wiesenrand
und Brauselimonade.

Weißt du, wie der Sommer klingt?
Nach …

Ilse Kleberger

Inhalt

* Gedichte und Reime

Textquellen

S. 59 nach Abraham, Peter: Was ist alles weiß? In: ABC, lesen tut nicht weh. Berlin: Der Kinderbuchverlag 1975
S. 64 Krüss, James: Kleine Katzen. In: James Tierleben. München: Annette Betz 1965
S. 68 nach Abraham, Peter: Bei ROT bleibe stehn. In: ABC, lesen tut nicht weh. a.a.O.
S. 78 Maar, Paul: Vorsicht! In: Dann wird es wohl das Nashorn sein. Weinheim & Basel: Beltz Verlag 1988
S. 84 Brecht, Bertolt: Mariechen, Luise. In: B.B.: Gesammelte Werke in 20 Bänden. Band 10: Gedichte 3. Frankfurt a. M.: Suhrkamp 1967
S. 86 nach Guggenmos, Josef: Was Schönes zum Wegwerfen. In: Leselöwen Rätselgeschichten. Bindlach: Loewes Verlag 1986
S. 87 Guggenmos, Josef: Mein Ball. In: Ich muß dir was zwitschern. Berlin: Der Kinderbuchverlag 1976
S. 88 Wo manche Wörter wohnen. In: Lesen - Texte. a.a.O.
S. 89 Krüss, James: Wenn das M nicht wär erfunden. In: Bienchen, Trinchen, Karolinchen. Erlangen: Boje-Verlag 1969
S. 90 Herold, Gottfried: Die Tiere meiner Nachbarin. Aus: Komm wir wolln im Regen gehen. © Middelhauve Verlags GmbH, München 2000 für Der Kinderbuchverlag
S. 91 Bydlinski, Georg: Die Dinge reden. Aus: H.-J. Gelberg: Überall und neben dir. Beltz Verlag, Weinheim und Basel, 1986/1989, Programm Beltz & Gelberg, Weinheim
S. 91 Brender, Irmela: Simsalabim. Aus: War mal ein Lama in Alabama. © Verlag Friedrich Oetinger, Hamburg 2001
S. 92 Weinert, Erich: Segelbootpartie. In: Kinder, schaut mal wie wir fliegen. Berlin: Alfred Holz Verlag 1959
S. 93 Lindemann, Werner: Warum das Schwein einen Ringelschwanz hat? Berlin: Der Kinderbuchverlag o. J.
S. 96 Kersten, Detlef: Was Tiere können. In: Überall und neben dir. Hrsg. Hans-Joachim Gelberg. Weinheim: Beltz Verlag 1989
S. 97 nach Spohn, Jürgen: Manchmal. Aus: Drauf und dran. Carlsen Verlag, Hamburg 1988
S. 102 Nöstlinger, Christine: Mini und Maxi. In: Mini ist kein Angsthase. Wien: Dachs-Verlag 1997
S. 104 Sven und Michael. In: Im Rollstuhl (Auszug). Reihe: Der Guckkasten. Hamburg: Saatkorn-Verlag 1989
S. 105 Nöstlinger, Christine: Neues vom Franz (Auszug). Hamburg: Oetinger 1985
S. 108 Jörg, Sabine: Guten Appetit. In: Hallo Joko! Hallo Anna! Würzburg: Edition Benziger, Arena 1995
S. 111 Hagen, Hans & Monique: One - two - three. Aus: Wie sehr ich dich mag. © Verlag Friedrich Oetinger, Hamburg 2001. Text: © Hans & Monique Hagen
S. 112 Holtz-Baumert, Gerhard: Ein wenig Angst. In: Ein bißchen Angst. Würzburg: Arena 1991.
S. 114 Guggenmos, Josef: Rabulan, der Riese. In: Was denkt die Maus am Donnerstag? Recklinghausen: Bitter 1967
S. 115 Freudenberg, Alwin: Vom Riesen Timpetu. Berlin: Der Kinderbuchverlag o. J
S. 118 Preußler, Otfried: Die kleine Hexe hat Ärger. In: Die kleine Hexe. Stuttgart: Thienemanns 1973
S. 123 Friemert, Elsbeth: Die Kastanie. In: Fingerspiele und Rätsel für Vorschulkinder. Berlin: Volk und Wissen Verlag 1984
S. 123 Bender, Wilhelm: Falle, falle, falle (gek.). In: Wagner, Margarete: Unter dem Regenbogen. Freiburg: Herder 1981
S. 124 Kreusch-Jacob, Dorothée: Fünf Gespenster. In: Finger spielen – Hände tanzen. München: Don Bosco Verlag 1997
S. 125 Kögel, Fritz und Emilie: Der Bratapfel. In: Sieben Blumensträuße. Hrsg. Hans-Otto Tiede. Berlin: Volk und Wissen Verlag 1983
S. 126 Ritter, Anna: Vom Christkind. In: Wunderweiße Nacht. Erzählungen, Gedichte und Lieder für das Weihnachtsfest. Berlin: Henschelverlag 1982
S. 128 Morgenstern, Christian: Die drei Spatzen. In: Ch. M.: Gesammelte Werke. München: Piper 1965
S. 129 Guggenmos, Josef: Frau Holle. In: Oh, Verzeihung sagte die Ameise. Weinheim und Basel: Beltz Verlag 1990. Programm Beltz & Gelberg
S. 129 Könner, Alfred: Schneemann Dicki Hinkebein. In: Sieben Blumensträuße. a. a. O.
S. 129 Hanisch, Hanna: Der Schneemann ist so rund... In: Hanna und Rolf Hanisch: Wisper-knisper-Tannenzweig. Weinheim: Deutscher Theater Verlag 1971
S. 130 Rodrian, Fred: Kurz vor Ostern. In: Ans Fenster kommt und seht. Berlin: Der Kinderbuchverlag 1964
S. 130 Fallersleben, Heinrich Hoffmann von: Das Osterei. In: H. H. v. F.: Gesammelte Werke. Hrsg. Heinrich Gerstenfeld. Berlin 1891
S. 131 Schweiggert, Alfons: März (gek.). In: Kinder erleben das Jahr. Herrsching: Schuler Verlag o. J.
S. 131 Goethe, Johann Wolfgang von: Frühlingsliedchen. In: Goethes Werke. Hrsg. Erich Trunz. München: Beck 1981
S. 131 Manz, Hans: Siehst du, Ostereierschalen. In: Ostern. Schweizer Jugend: Solothurn 1985. © by Hans Manz
S. 132 Holst, Adolf: Im See. In: Sonne, schieb die Wolken weg. Berlin: Der Kinderbuchverlag 1970
S. 133 Kleberger, Ilse: Sommer (gek.). In: Die Stadt der Kinder. Hrsg. Hans-Joachim Gelberg. Recklinghausen: Bitter 1969

Bildquellen

S. 5 Wilhelm Busch: Max und Moritz, 1. Bild. Aus: Max und Moritz, 5. Streich, München, Verlag von Braun und Schneider, Wilhelm-Busch-Museum, Hannover, Info.-Nr. 12/0010, **S. 6** Janosch, aus: Ich kann schon zählen. Zürich: Diogenes 1988; Harald Lange, Bad Lausick **S. 20** Thomas-Michael Rudolph, Berlin **S. 25** VWV-Archiv, Berlin **S. 26/27** Tanja Székessy, Berlin **S. 27** Bernd Duck, Superbild **S. 36** Bildagentur Mauritius (Mitte, rechts); Jean Guichard 1999 (Mitte, links); Superbild Berlin (unten) **S. 37** Superbild Berlin **S. 38** PALOMA VERLAG. © Herbert Gutsch; Maus und Elefant: Bavaria Sonor/WDR; Froschkönig: Szenenfoto. Regie: Walter Beck. Progress Film-Verleih **S. 47** Bagage. Pädagogische Ideenwerkstatt e.V., Freiburg **S. 49** Veit Mette, Bielefelder Fotobüro **S. 54** Tanja Székessy (unten) **S. 54/55** Dieter Hron, Berlin **S. 60** Harald Lange, Bad Lausick **S. 61** Harald Lange, Bad Lausick (oben); Bildagentur Mauritius (Mitte) **S. 64** Superbild Berlin **S. 67** Tanja Székessy **S. 75** Karin Skogstad, München **S. 77** © Paul Maar **S. 82** Helga Golz, Zühlsdorf **S. 99** Paul Klee, Der Häuserbaum. 1918, 83. Norton Simon Museum, Pasadena, © VG Bild-Kunst, Bonn 2000 **S. 100** Cora Tietz, Werneuchen **S. 101** Harald Lange, Bad Lausick **S. 106/107** VWV-Archiv, Berlin **S. 120/121** Wolf Erlbruch: Freunde. Kinderzimmerkalender, Postkartenserie, Peter Hammer Verlag Wuppertal

Der Inhalt des Werkes folgt der reformierten Rechtschreibung und Zeichensetzung. Währungsangaben erfolgen in Euro.

Umweltschonendes Papier chlorfrei

Volk und Wissen im Internet
www.vwv.de
http://www.vwv.de/webtipp_gs.html

ISBN 3-06-103190-1 (Festeinband)
ISBN 3-06-103195-2 (Broschur)

Ausgabe 2004

5 4 2 3 2 1 / 08 07 06 05 04

Alle Drucke dieser Auflage sind im Unterricht parallel nutzbar.
Die letzte Zahl bedeutet das Jahr dieses Druckes.

Printed in Germany
Redaktion: Monika Gade, Barbara Bütow
Illustration und Gestaltung: Tanja Székessy
Herstellung: Helga Rose, vwv
Reproduktion: Licht und Tiefe, Berlin
Druck und Binden: CS-Druck CornelsenStürtz, Berlin

S s

T t

U u

Y y

Z z

Ä ä

Ei ei

Eu eu

Sch sch